AF314352

PIERRE GRAND DU POUZET

COMMANDANT DU RÉGIMENT DE BOURDEILLE

EN 1622

PAR

A. DUJARRIC-DESCOMBES.

PÉRIGUEUX,

IMPRIMERIE ÉMILE LAPORTE (ANC. DUPONT ET C⁰).

—

1886

PIERRE GRAND DU POUZET

COMMANDANT DU RÉGIMENT DE BOURDEILLE

EN 1622

PAR

A. DUJARRIC-DESCOMBES.

PÉRIGUEUX,

IMPRIMERIE ÉMILE LAPORTE (ANC. DUPONT ET Cᵉ).

—

1886

PIERRE GRAND DU POUZET

en 1622

Ce n'est pas seulement dans les sciences, les arts et les lettres que le Périgord a produit des hommes remarquables, mais encore dans la noble carrière des armes. A toutes les époques les lauriers militaires ont eu des attraits pour ses enfants, dont le sang a coulé avec gloire sur plus d'un champ de bataille.

Dans une épître inédite à la duchesse du Maine, au sujet de la fondation à Périgueux d'une académie, en 1718 (1), le premier président Faure de Rochefort ne manqua pas de célébrer les qualités guerrières de la province dont le fils de la princesse, le comte d'Eu, était alors gouverneur :

> Le Périgord abonde en illustre noblesse,
> Qui, sans vaine hauteur ainsi que sans faiblesse,
>   S'attache à soutenir son rang
> Par les vertus que semble exiger un beau sang.
>   En bravoure, en courage mâle,
>   Quel autre climat nous égale ?
>   Combien de fois les champs de Mars
> Nous ont-ils vus défendre ou forcer des remparts ?

Il est vrai qu'aussi grands par leur foi religieuse que par leur dévoûment à la patrie, les Périgourdins ont laissé une

____

(1) Extrait de mon manuscrit : *La Grange-Chancel, sa vie, ses œuvres et son temps.*

trace brillante dans les annales de la vieille France, et ce n'est pas sans un légitime sentiment d'orgueil que leurs descendants retrouvent leurs noms gravés dans les pages d'airain de son histoire. La vie de pareils ancêtres fournira toujours aux jeunes générations de salutaires leçons de patriotisme. A quelle école nos fils pourraient-ils mieux apprendre la subordination, le devoir, et, ce qui en est la plus haute expression, l'immolation d'eux-mêmes ? Dans ces temps de décadence morale et de tristes abaissements, il est bon de leur rappeler ces héroïques devanciers qui, selon l'expression du biographe d'un de nos héros modernes (1), étrangers à l'égoïsme qui fait la peur, tout au désintéressement qui fait le courage, n'ont pas craint de s'exposer à tout perdre, hormis l'honneur, quand il s'est agi du pays et de sa délivrance.

J'ai l'intention de faire revivre le souvenir d'un personnage disparu depuis longtemps de la scène du monde, mémoire glorieuse que ma piété tient à consacrer de nouveau après plus de deux cents ans de silence et d'oubli. Je ne sais quoi de doux se mêle ici à mon rôle d'historien ; dans cette circonstance, les préoccupations archéologiques m'inspirent un sentiment plus profond que celui d'une curiosité satisfaite, et cette étude intéresse moins encore mon érudition que mon cœur même. Car j'ai à parler tout à la fois d'un compatriote et d'un parent.

En écrivant la vie du capitaine Grand du Pouzet, je n'aurai pas à faire le récit de nombreux événements et de grandes batailles ; je n'aurai à analyser ni plans stratégiques, ni savantes manœuvres : il n'a conduit ni dirigé aucune campagne et n'a jamais commandé en chef. Son rôle à lui fut d'exécuter simplement les ordres donnés par le général ; sa gloire se compose des traits de courage, des prodiges de valeurs déployés dans un seul combat, mais d'une manière si éclatante qu'ils ont suffi pour illustrer à jamais son nom.

Pierre Grand appartenait à une famille d'ancienne noblesse que la tradition fait sortir d'Angleterre. Etablie d'abord dans

---

(1) E. Magne, *Esquisse sur Daumesnil*, Périgueux, Rastouil, 1873.

le duché de Normandie, où elle occupa des fiefs considérables, elle s'implanta ensuite, dans la province d'Aunis, à
Luxolière, que Louis XIV devait en sa faveur ériger en baronnie. L'un de ses membres, Pierre Grand, trisaïeul de mon
héros, dont un oncle seigneur de Massac, en Saintonge, avait
déjà servi le roi dans les guerres de Guyenne, vint en Périgord vers le milieu du xve siècle. En 1444, il commandait
cinquante hommes d'armes à Latourblanche, dont son frère
Jehan était official, et s'y maria avec Marie Berlin, qui paraît
avoir apporté comme apanage dans la famille de son mari la
terre de Tenteilhac.

Ce fut aux dernières années du siècle suivant, au château
de ce nom, situé à une lieue à peine de Latourblanche, sur
les confins du Périgord et de l'Angoumois, dans la petite
paroisse de Bourg-des-Maisons et la châtellenie du Chapdeuil, que naquit Du Pouzet. L'absence de registres paroissiaux de cette époque ne m'a pas permis de retrouver la
date précise de sa naissance. Il était l'aîné des sept enfants
de Pierre Grand, écuyer, sieur de Teilhac et seigneur de
Tenteilhac, capitaine du château et ville de Latourblanche,
et de Françoise Bourgoing. Sa mère, que son père avait
épousée suivant contrat reçu par Me Giraud, notaire royal à
Angoulême, le 21 novembre 1583, était fille de Me Léonard
Bourgoing, sieur du Prazet, avocat à Angoulême, et d'Anne
de Milly.

Une généreuse éducation développa chez le jeune Pierre
des sentiments dignes de ses aïeux. Sa situation de fortune
ne lui permettait pas de mener à la campagne une vie
oiseuse, au milieu d'une famille nombreuse et gênée : elle
était tellement déchue du rang qu'elle avait occupé autrefois
qu'il fallut en 1605 des lettres-patentes d'Henri IV pour faire
reconnaître sa noble extraction et l'empêcher par là d'être
inscrite sur le rôle des tailles de Bourg-des-Maisons et de
Vendoire. Encore les procès de cotisation ne s'arrêtèrent-ils
définitivement que soixante-quatre ans plus tard, à la suite
d'un arrêt du conseil privé du roi. Les guerres de religion
avaient, en effet, plongé toute la maison dans un état presque voisin de la pauvreté.

Lorsque les sieurs de Jarnac et de Chantérac étaient venus
vers 1569 avec une troupe de Réformés mettre le siège devant
Latourblanche, dont ils s'emparèrent, ils avaient rencontré
dans le grand-père de Pierre, qui commandait la place,
François Grand, la plus opiniâtre des résistances. Pour se
venger, les huguenots pillèrent et saccagèrent sa maison
située dans les faubourgs de la ville, en assemblèrent les
meubles, papiers et parchemins au milieu de la basse-cour
et y mirent le feu ; ils auraient incendié la maison elle-même
si l'épouse du vaillant défenseur de Latourblanche, Claire de
Lageard, ne leur avait donné une somme considérable. Mais
les propriétés n'en furent pas moins ravagées, et la famille
dut se ressentir très longtemps de ces calamités.

Qui sait si le souvenir de tant de cruautés ne contribua
pas à entretenir dans le cœur de Pierre Grand cette haine
vigoureuse dont les calvinistes rebelles devaient plus tard
éprouver les effets ? La nature l'avait doué de toutes les qualités qui font les grands capitaines, d'un caractère ferme et
hardi, d'une bravoure à toute épreuve. Ses parents le desti-
nèrent à l'état militaire, vers lequel l'entraînaient à la fois
ses goûts personnels et ses traditions de famille.

On a déjà vu deux de ses aïeux commander dans Latourblanche. Son père, qui y avait aussi commandé et entretenu
à ses frais une compagnie de chevau-légers, maintint la ville
sous l'obéissance du roi. Il servit encore dans les guerres de
Provence sous le duc d'Epernon et en Guyenne sous le comte
d'Aubeterre, toujours au service du roi. Ce dernier n'avait
qu'un frère, François Grand, qui servit aussi dans les armées
royales sous le duc de Ventadour. Par une transaction entre
eux de 1613, au père de Pierre Grand échut la terre de Tenteilhac, et l'autre eut en partage celles de Faveyrol, paroisse
de Vendoire, et de Bellussière, paroisse de Béaussac, dont
ils avaient hérité de Honorette de Lageard, leur tante. Celui-ci, marié en 1596 à Françoise Durieu de La Rivière, fut
l'auteur de la branche dite de Bellussière.

A la mort de son père, Pierre Grand devint seigneur de
Tenteilhac, mais il ne devait se faire connaître que sous le
nom du Pouzet, nom d'un maynement qu'il avait acheté dans

la paroisse de Rossignol, moyennant 3078 livres tournois, de Pierre Bazin, marchand, et Armoise Pradeau, son épouse, demeurant à Latourblanche, aux termes d'un acte passé devant M⁰ Poumeyrol, notaire royal de cette ville, le 29 novembre 1614. Je lui conserverai donc le nom de Du Pouzet qu'il devait rendre célèbre.

Tandis que son frère puîné, Jean-Geoffroy, sieur de Gagnoles, entrait comme religieux dans la congrégation de l'Oratoire de Jésus que venait de fonder le cardinal de Bérulle, ses deux autres frères suivirent comme lui le parti des armes.

Jean, sieur du Chastanet, après avoir été garde-du-corps du roi, commanda longtemps dans Libourne sous M. de Bellue. De son mariage avec Françoise Le Long, il eut six enfants. Le second, François, devait être le chef de la branche du Reclaud, aujourd'hui éteinte. L'aînée des filles, Sibille, épousa en 1682 François Durieu, sieur de La Bernerie, paroisse de Bouteilles, dont la fille est ma quatrième aïeule (1). Le sieur du Chastanet mourut octogénaire en son repaire du Reclaud, le 30 octobre 1680, et fut inhumé dans son église paroissiale de Bourg-des-Maisons qu'il avait enrichie de ses dons.

Etienne, seigneur de Teilhac, né en 1602, se transplanta en Touraine dans la terre de La Forêt que lui apporta sa seconde femme Anne de Monsabré de la Sabardière. Pendant trente-cinq ans il suivit la cour de Gaston d'Orléans, en qualité de gentilhomme de la chambre de ce prince et gentilhomme ordinaire de vénerie. On voit dans les mémoires du comte de Montrésor, Claude de Bourdeille, combien le duc d'Or-

---

(1) Cette petite-nièce de Du Pouzet apporta dans ma famille les domaines qu'avaient ses parents à Bouteilles et Bourg-des-Maisons, par suite de son mariage avec Etienne Jarric, sieur du Mayne-Guy, paroisse de Vendoire, fils aîné de Charles, sieur du Mayne-Guy, et d'Anne Dussoulier (20 février 1703). Le grand-père d'Etienne, Charles Jarric, notaire royal, était fermier du fief de Faveyrol. Par son testament du 9 janvier 1729, Marie Durieu chargea ses plus proches parents, qui furent ses cousins Alexandre et Joseph Grand, seigneurs de Tenteilhac et du Reclaud, de faire le partage de sa fortune entre ses enfants : Pierre, sieur des Combes, Hélie, sieur de La Bernerie, Marie et Sicarie. Un de ses petits-fils a été l'avant-dernier curé de Bourg-des-Maisons.

léans avait de confiance en Etienne par les voyages secrets qu'il lui fit faire pour son service. Le duc d'Epernon le députa pour porter les suffrages en faveur du marquis de Frontenac à l'assemblée générale de la noblesse de Touraine lors des Etats généraux de Tours en 1651 (1). Ses restes reposent dans l'église paroissiale de Nouan (Indre-et-Loire).

Quant aux trois sœurs de Du Pouzet, l'une devait se marier avec Jean Fauchier, écuyer, sieur de Greneyrent, dont elle devint veuve en 1634 ; la seconde, Catherine, demoiselle de Teilhac, avec Jean de Montozon, avocat au parlement de Bordeaux, procureur d'office de Brassac (1631) ; et, Claire, la dernière, avec Etienne de Chazelles, sieur du Mas.

Du Pouzet, dès qu'il fut en âge de porter les armes, suivant l'exemple de sa famille et son inclination naturelle, s'apprêta à aller servir dans les armées royales. Il dut s'adresser à cet effet à la puissante maison de Bourdeille, avec laquelle les siens avaient toujours entretenu des rapports d'amitié. Seigneurs en Saintonge, les Bourdeille avaient peut-être attiré en leur baronnie de Latourblanche ce cadet de Luxolière qui fut la souche des Grand du Périgord. La ville de Latourblanche n'eut pas à regretter ce choix ; car durant tout le cours des guerres civiles, elle ne trouva point de défenseurs plus dévoués que les sieurs de Tenteilhac.

Il fut admis dans une compagnie du régiment de Bourdeille, où avait été gendarme son oncle François de Faveyrol, dont il devait être plus tard un des exécuteurs testamentaires. Il dut bientôt à sa bravoure plus qu'à sa naissance le grade d'officier. Il servait depuis quelques années déjà, lorsqu'en 1622 le régiment dont il avait obtenu le commandement reçut l'ordre de se rendre à Bergerac pour seconder le duc d'Elbeuf dans la répression des derniers troubles occasionnés par les protestants.

Louis XIII avait quitté Bergerac le 17 juillet 1621 pour se rendre au siège de Montauban. « Mais dans l'année suivante.

(1) L'Hermite-Souliers, *Histoire de la noblesse de Touraine*, Paris, 1665. page 281.

raconte le P. Dupuy (1), la rébellion a demy esteinte fut rallumée dans la Guyenne par la conjuration huguenotte sur les places qui l'année précédente avoient fléchy le col. »

Le marquis de Caumont La Force, avec ses enfants et quelques autres seigneurs de la religion réformée, fomentaient de plus en plus dans la Basse-Guyenne la guerre contre les catholiques. Ils inquiétaient les bourgades et les petites villes du voisinage ; ils essayèrent même de s'emparer de Bergerac. Castelnau, fils du marquis, se rendit maître de Monflanquin, grâce à la trahison de quelques habitants (2).

Charles, duc d'Elbeuf, de l'illustre maison de Lorraine, fut chargé d'arrêter cette nouvelle levée de boucliers qui menaçait de soulever toute la Guyenne. Malgré les représentations et les instances des seigneurs qui l'accompagnaient et dont plusieurs étaient amis ou parents de la famille de Caumont, il vint avec son armée mettre le siège devant La Force à la fin de janvier 1622 (3).

A quelques kilomètres de la ville de Bergerac, démantelée pour toujours, sur le point culminant d'un côteau, le château de La Force élevait vers le ciel ses hautes tourelles ; presque inexpugnable au midi, il était bien défendu au nord. Pendant quatre jours, ce fut une lutte acharnée de part et d'autre. Les ennemis harcelaient les assiégeants sans relâche, le jour et la nuit. L'issue devenait douteuse. Un pont, dont la conservation était considérée comme de la plus grande importance, était déjà tombé au pouvoir du marquis de La Force, arrivé en toute hâte de Sainte-Foy au secours de sa maison. Il fallait à tout prix reprendre cette position perdue. Pour cette opération périlleuse, d'Elbeuf arrêta son choix sur le commandant du régiment de Bourdeille, regardé comme l'officier le plus intrépide des troupes royales.

Du Pouzet n'hésita pas à se rendre de suite avec ses sol-

(1) *L'Estat de l'Église du Périgord depuis le christianisme*, Périgueux, Dalvy, 1629, II, p. 225.

(2) L'abbé Pécout, *Souvenirs historiques et biographiques sur la contrée du Fleix*. Sainte-Foy, Connord, 1881, p. 207.

(3) *Chroniqueur du Périgord et du Limousin*, 1854, p. 215.

dats au poste même du danger, sous le feu de l'ennemi. A
peine fut-il établi devant le pont, qu'un coup de mousquet
lui broya l'épaule gauche et qu'un autre lui perça le bras
droit ; bientôt après une troisième décharge lui cassa ce
même bras. Il semble que son courage redouble en face du
péril : on le voit tout meurtri porter de rang en rang l'ardeur
martiale qui anime son mâle visage ; puis, revenant de nouveau à la charge, il veut tenter un dernier assaut. Mais il
vient se heurter contre les piques des huguenots. Un coup
lui traverse encore son bras droit déjà brisé par la mitraille;
un second violemment lancé pénètre dans son hausse-col et
le renverse par terre en lui rompant la clavicule. Tout autre
que Du Pouzet eût abandonné la place. Avec cette ténacité
de caractère qu'il tient de ses ancêtres normands, il s'obstine
à ne point vouloir résigner son commandement. Il se fait
relever par les soldats qui l'entourent, et, affaibli par le sang
qui coule à flots de ses cinq blessures, porter plus avant pour
voir achever la défaite de l'ennemi. On dirait qu'il brave les
ombres de la mort ; du geste et de la voix il continue à exci-
ter ses hommes qui ne vont pas tarder à venger leur commandant. Le régiment de Bourdeille a, en effet, bientôt
chassé les huguenots du pont qu'il avait mission de leur reprendre.

Du Pouzet, malgré tant de blessures, n'avait cessé de diriger le combat pendant sept heures entières, étant toujours
resté à la tête de ses troupes, fières d'obéir à un pareil chef.
A l'exemple de Bayard qui avait défendu seul contre les
Espagnols un pont sur le Garigliano, il sauva l'armée en ar-
rêtant la marche audacieuse de l'ennemi.

Cette action d'éclat facilita la prise de La Force. Le marquis fut obligé de battre en retraite, laissant plus de deux
cents hommes sur le terrain ; et, sans l'intercession du comte
de Lauzun et du marquis de Bourdeille qui le prirent sous
leur garde et cautionnèrent qu'il ne ferait plus la guerre, d'Elbeuf aurait fait raser son château, conformément à l'arrêt
rendu le 15 décembre précédent par le parlement de Bordeaux.

Ainsi fut préservée de la ruine pour cette fois cette ma-

gnifique habitation que son maitre avait passé dix années à
embellir, encouragé en cela par Henri IV qui y avait sou-
vent contribué de ses propres deniers. Cette démolition ne
devait être accomplie qu'en 1793 par l'ordre d'un représen-
tant du peuple, fort glorifié de notre temps, le conventionnel
Lakanal.

D'Elbeuf, après avoir publiquement payé un juste tribut
d'admiration à Du Pouzet, à l'héroïsme duquel il était rede-
vable du succès de La Force, s'achemina vers Montravel
dont il s'empara, puis entra dans Sainte-Foy : après quoi, le
marquis de La Force fit sa soumission au roi, qui lui donna
le brevet de maréchal de France.

Cet admirable trait de courage de Du Pouzet, dont le souvenir n'a été conservé que par le chevalier de l'Hermite-
Souliers et par Moréri, qui fait de mon compatriote un Tou-
rangeau (1), ne se trouve mentionné dans aucun livre d'histoire. En 1835, un écrivain du Périgord, Jules Determes, a
fourni dans un petit roman historique (2) de nombreux détails
sur les diverses péripéties du siège de La Force; décrivant
le combat qui eut lieu dans la plaine , il montre le comte de
Bourdeille allant « s'emparer d'un pont qui eût pu être utile
au marquis de La Force ». C'était le moment de parler du
capitaine qui contribua si puissamment à faire repasser le
ruisseau de l'Eyraud par l'ennemi taillé en pièces. L'auteur
ne prononce pas même le nom de Du Pouzet, dont l' « action
généreuse » (3) a été cependant attestée par le duc d'Elbeuf
lui-même dans un certificat délivré en 1653 au fils de son
valeureux officier. L'original sur papier m'en a été communiqué par un membre de sa famille qui le conserve précieu-
sement, M. Fernand Grant de Bellussière, mon collègue à la
Société historique du Périgord. Voici le texte de cette pièce
inédite :

« Le duc d'Elbeuf, pair de France, gouverneur et lieute-

(1) *Dictionnaire historique*, tome V, partie II, p. 329.

(2) *Albert ou onze mois sur la Dordogne, épisode historique du XVII* siècle
(1621-1622)*, Paris, Hivert et Dentu, chap. XI, page 108.

(3) Moréri, *Dictionnaire historique*.

nant général pour le Roy en Picardie, Artois, Boulonnois, Calais et pays reconquis.

« Nous certifions à tous qu'il appartiendra : qu'en l'année 1622 que nous eusmes l'honneur de commander les armes du Roy en Guyenne, ayant assiégé la maison de La Force qui rallioit les ennemis de Sa Ma^té dans la Province ; et ayant esté averti qu'ils venoient pour la secourir, nous ordonnasmes au s^r Du Pouzet, gentilhomme de Périgord, qui commandoit alors le Régiment de Bourdeille, d'aller reprendre un pont duquel les plus avancez s'estoient desjà saisis ; et qu'il s'y porta avec une telle vigueur pour le service du Roy, qu'après avoir eu l'espaule gauche cassée d'un coup de mousquet, le bras droit percé d'un autre, et un autre qui lui rompoit le mesme bras, et deux coups de picque, l'un qui luy perçoit encore le bras droit, et l'autre dans son haussecol qui le porta par terre, et luy rompit la clavicule. Il ne laissa pas de se faire relever et porter par ses soldats toujours combattant et repoussant les ennemis tant qu'il fust maistre du pont ; ce qui nous facilita le moyen de prendre plus promptement la place. De laquelle action le s^r Du Pouzet ayant esté loué de toute l'armée. Nous le fusmes visiter et le trouvasmes encore à la teste du Régiment avec toutes ces blessures, dont il est toujours demeuré estropié depuis. En tesmoing de quoy nous avons signé le présent certificat de nostre main, et fait contresigner par nostre secre^re ordinaire, et sceller du cachet de nos armes. A Paris, ce dernier jour de may 1653.

« CHARLES DE LORRAINE, duc DELBEUF.

« Par Monseigneur, Bidal. »

Aux armes du duc. Cachet sur cire à peu près détruit.

Cette héroïque conduite de Du Pouzet au pont de La Force, qui eût honoré le plus beau siècle de l'antiquité, pourrait en quelque sorte être comparée à celle d'Horatius Coclès au pont Sublicius. On sait comment ce Romain arrêta presque seul à ce poste la marche des Etruriens qui, maîtres du Janicule, allaient pénétrer dans Rome.

L'histoire apprend avec quelle munificence la république

romaine reconnaissante combla son sauveur. On ne peut pas
dire que Louis XIII se soit montré généreux envers le plus
vaillant capitaine de son armée de Guyenne. Peut-on regar-
der comme une faveur cette commission qu'il lui donna le
25 août 1625 ? Il s'agissait de mettre sur pied une compagnie
d'arquebusiers à cheval et de carabiniers, sous les ordres du
maréchal de camp de Bourdeille, gouverneur du Périgord.
dans le but de s'opposer aux assemblées qui se faisaient
contre le repos du royaume. L'honneur seul payait alors le
dévoûment au service du roi, quelque ruineux que ce service pût être. Et après sa rentrée dans la vie civile, alors
qu'il avait le plus besoin de secours, il demeura obscurément
au fond de sa province, sans demander aucune espèce de
faveurs. Le trésor royal ne devait pas non plus venir en
aide à son fils, officier lui-même des plus distingués : ce dernier, malgré les avantages recueillis dans les successions
de ses père et mère et de son oncle l'oratorien, ne put par-
venir jamais à réparer les pertes considérables qu'il éprouva
dans la guerre de la Fronde ; au cours de procès qui firent
mettre en séquestre les fruits et revenus de Tenteilhac, on
le vit obligé, pour faire élever ses petits-enfants à l'école, de
fournir des garanties devant notaire aux maîtres de pension
de Latourblanche (1). Il est vrai que le courage n'est pas
toujours récompensé, mais l'homme d'élite ne combat pas
pour la récompense.

Du Pouzet fut consolé des dures épreuves de la guerre dans
l'hiver de 1624 par une alliance heureuse. Il alla chercher une
épouse en Angoumois, où était née sa mère ; il la choisit dans
une famille qui a joué un certain rôle dans l'histoire muni-
cipale de Cognac et d'Angoulême. Il se maria à Cognac,
suivant contrat passé devant Me Léonet Merlin, notaire dans
cette ville, le 5 février 1624, avec la fille de François Ruffier,
écuyer, sieur des Grimardières, et de Françoise Delineur.
Olive Ruffier, qui, en prenant son nom, lui donna la joie de
voir élever sous ses yeux une jeune postérité à laquelle il

(1) Voir mon *aperçu de l'instruction publique en Périgord avant 1789*, Périgueux
Dupont, 1882, p. 13.

devait transmettre pour dot, à défaut de fortune, une gloire pure et sans tache. Elle apportait à son mari des biens fonds en Saintonge qu'il devait vendre après sa mort moyennant le prix de 9,500 livres.

Cinq enfants leur survécurent. François, l'aîné, ainsi qu'on le verra bientôt, servit, comme son père et son aïeul, dans les armées du roi avec beaucoup de valeur.

Le second, Henry, sieur Du Pouzet, marié suivant contrat passé devant Mᵉ Poumeyrol, notaire royal à Latourblanche, le 4 juin 1663, à Marie Carrier de Nancré, fut l'auteur d'une branche éteinte à Saint-Cristophe (Gironde), en 1839, appelée de Nanchapt, du nom d'une métairie de la paroisse de Rossignol.

Etienne, sieur de Latour, naquit à Tenteilhac en 1641. Son baptistaire est le premier acte concernant la famille Grand que présentent les anciens registres d'état-civil de Bourg-des-Maisons. Il nous apprend que cet enfant, qui devait servir comme mousquetaire dans le régiment du roi, fut baptisé le 27 février de cette année dans la chapelle du château par Jehan de Masfrand, curé de la paroisse, ayant eu pour parrain son oncle Etienne, sieur de Teilhac, gentilhomme de la chambre du duc d'Orléans, et pour marraine Jeanne de Bourdeille, femme de Claude d'Espinay, comte de Durctal, nièce du célèbre Brantôme.

Honorette, dᵉˡˡᵉ de Latour, dont on retrouve aussi le baptistaire à la date du 5 octobre 1645, fut mariée, suivant contrat reçu par Mᵉ Fondou, notaire royal, le 3 mars 1676, à Jean Pasquet, sieur de la Dauradie, fils de feu François sʳ de Leymarie, avocat en la cour présidiale de Périgueux.

Enfin, Magdeleine, dᵉˡˡᵉ du Pouzet, épousa un avocat en la cour du parlement de Bordeaux, Louis de France, fils de Mᵉ Etienne, juge ordinaire de la baronnie de Mareuil, par contrat passé devant Mᵉ Fondou, le 5 avril 1668 (1).

Ce fut au sein de sa famille, dont l'établissement était l'objet de sa paternelle sollicitude, que Du Pouzet termina ses

---

(1) Je dois la communication de cet acte à un arrière-petit-fils de Magdeleine Grand, M. Defrance, propriétaire à Mareuil.

jours. On ne possède presque aucun renseignement sur la seconde période de sa vie ; si elle n'eut pas ce brillant éclat qui a rendu la première si digne de figurer dans les fastes militaires de la France, elle ne mérite pas moins d'arrêter l'attention de l'historien ou du penseur qui aiment à retrouver le soldat après les agitations des camps et le tumulte de la guerre au milieu des calmes jouissances du chef de famille et des préoccupations consolantes du chrétien. Il dut ainsi goûter dans sa retraite boisée de Tenteilhac le repos qui lui était dû après tant de fatigues et de souffrances. Malgré l'état où le laissèrent les cruelles blessures reçues au siège de La Force, il pouvait encore écrire ; car j'ai retrouvé sa signature ainsi figurée : *Le Pouzet*, dans les registres paroissiaux du Grand-Brassac au bas de l'acte de baptême d'un fils de Catherine Grand, dame de Montozon, sa sœur, le 8 mai 1633, et au bas de celui d'une autre nièce, Olive de Montozon, que sa femme avait tenue le 3 juin 1640 avec Arnaud de Montozon, curé de Rossignol et chanoine de La Roche-Beaucourt, oncle de la baptisée.

Un moment on put croire qu'il allait sortir de cette inaction dont son tempérament guerrier avait peine à s'accommoder. Le comte de Bourdeille, gouverneur de la province, n'avait point oublié que si pour le service du roi besoin était d'un homme sûr et capable de diriger un acte de vigueur, il pouvait toujours compter sur l'ancien commandant de son régiment. Une occasion se présenta de recourir de nouveau au dévoûment de ce ferme champion de l'armée royale. Malgré la défaite des Croquants en 1637 par le duc de La Valette, il était resté en Périgord des bandes à disperser (1). Quelques tentatives de soulèvement eurent lieu, et Chevalier de Cablanc (2) assure que la révolte du « paréage » devint « une affaire sérieuse ». C'est sans doute dans ces circonstances que le comte de Bourdeille donna le 22 janvier 1640 une commission à Du Pouzet « pour commander cent cinquante soldats à courir sur les séditieux. » Je n'ai pu

(1) Elie de Biran, *Soulèvement des Croquants en Périgord (1636-1637)*, Périgueux. Dupont, 1877, p. 18.

(2) *Histoire de Périgueux*, III⁰ volume. Manuscrit à la bibliothèque de Périgueux.

connaître les détails de cette affaire : l'absence complète de
documents prouverait qu'elle fut sans importance, et que le
seigneur de Tenteilhac n'eut pas à déployer contre les Croquants l'énergie dont Bertrand de Bayly, seigneur de Razac,
donna dans le même temps un si remarquable exemple (1).
Débarrassé bientôt des soucis de la lutte, le lion put rentrer
dans son repos.

Définitivement retiré sous le toit de ses ancêtres, on le vit
entretenir d'agréables relations avec ses nombreux parents
et les principales familles des environs, surtout avec les
Bourdeille, sous lesquels il avait servi, et auxquels il ren-
dait hommage pour son lieu noble du Pouzet; les La Brousse
de Verteillac ; les Du Lau, seigneurs de Montardy, paroisse
de Brassac, où il put voir naître en 1651 le célèbre marquis
d'Allemans, dont je prépare l'histoire ; les de Lageard, dont
le chef était sénéchal d'Angoumois et châtelain des paroisses
voisines de Cherval, Saint-Martial-de-Viveyrol et Lusignac.

Je n'ai jamais suivi la route qui venant du Chapdeuil passe
sous les murailles de Tenteilhac, devenu aujourd'hui la pro-
priété de la famille de Canolle, sans me représenter le vieux
gentilhomme, dans son attitude martiale, venant s'accouder
sur les bords de la terrasse du château. En face de lui s'é-
tend cette petite vallée où se trouvent ses métairies de Fran-
coiseau. A l'aspect de ses colons fouillant un sol argileux
dont le revenu suffit à peine à faire vivre les siens, il déplore
sans doute l'immobilité dont l'âge et les infirmités lui font
une douloureuse nécessité, et se plaint de l'oubli profond où
le gouvernement a laissé ses services militaires. Mais il est
bientôt consolé en songeant que son épée trop longtemps
inactive a passé en de chères et pieuses mains capables d'en
raviver l'éclat.

Du Pouzet avait, en effet, reporté avec un soin jaloux son
affection et ses espérances sur la tête de son fils aîné, François Grand, appelé à lui succéder, et qui a continué la descen-
dance de la branche de Tenteilhac, éteinte il y a quatre ans.

(1) *Bulletin de la Société historique et archéologique du Périgord*, tome III.
p. 185.

Le 30 mai 1635 on le trouve à Cognac, consentant avec sa femme, devant le notaire Merlin, une donation en faveur de ce fils aimé. Il assista en 1650 à son mariage avec Marie Gaultier, fille de Pierre, sieur des Jomelières, conseiller du roi en l'élection de Périgueux, et veuve de Antoine Vigier, sieur de Lamothe (1), et fit, l'année suivante, tenir en son nom, sur les fonts baptismaux de Notre-Dame de Bourg-des-Maisons, leur premier enfant, Pierre Grand, qui devait porter aussi le nom illustre du Pouzet joint à celui de Tenteilhac. Ce filleul de Du Pouzet semblait destiné à un avenir brillant. En 1674, il servait auprès du maréchal d'Albret, gouverneur de Guyenne, dans la convocation de la noblesse ; et, deux ans après, il demandait un congé absolu au comte d'Ayen, premier capitaine des gardes du roi. Jeune encore, il mourut à Tenteilhac le 22 mars 1688, laissant de son mariage avec Anne de Couvidou des enfants en bas-âge sous la tutelle de leur grand-père, qui s'imposa de lourds sacrifices pour leur éducation.

Du Pouzet put être témoin des premiers services rendus par son fils à la cause royale. Le chevalier de L'Hermite-Souliers le montre à ses débuts « lieutenant de la mestre de camp » du comte de Rochefort. L'histoire locale mentionnera avec éloges sa conduite pendant la Fronde. Les mémoires du du temps déplorent les ravages de toute sorte qu'elle occasionna en Périgord, où la cause des princes eut, en général, peu de succès. Si les hasards de la guerre imposèrent parfois leur domination, nos pères n'acceptaient leur joug qu'en frémissant, et, dès qu'il pouvait être secoué, s'empressaient de revenir au gouvernement traditionnel qui représentait alors la patrie. On a gardé le souvenir de cet officier d'aventure à la solde du comte de Marsin, le colonel Balthazar, qui par ses pillages devint la terreur des paysans. Non seulement les châteaux, comme celui de la famille Alexandre à Fompitou, paroisse de Saint-Martial, mais en-

(1) Le contrat fut passé le 28 novembre devant M⁰ Bazinette, notaire royal, à Verteillac, dans la maison de Thibaud de La Brousse, baron d'Atis, conseiller du roi en ses conseils d'État et privé.

core les campagnes furent livrées aux déprédations des armées. Ayant appris que la terre de Tenteilhac était aussi menacée, le comte d'Harcourt, qui commandait en chef les troupes du roi en Guyenne, donna de Bourdeilles l'ordre de respecter les propriétés du glorieux estropié de La Force.

L'original de cette lettre de sauvegarde, conservé comme un témoignage de l'estime et de la considération dont les contemporains entouraient le seigneur de Tenteilhac et de Pouzet, nous a été aussi communiqué par M. F. Grant du Bellussière. Ce document honore trop la mémoire de mon héros pour ne pas le reproduire ici :

« Henry de Lorraine, comte de Harcourt, de Briosne, d'Armagnac, etc., ch^{er} des ordres du Roy, grand escuyer de France, gouverneur d'Alsace et général des armées de Sa Ma^{té} en Guyenne et provinces circonvoisines.

« Nous avons mis en la protection et sauvegarde du Roy et la nostre particulière la maison du s^r Du Pouzet et tout ce qui luy appartient. Deffendant expressément à tous gens de guerre tant françois qu'estrangers dependans de nostre pouvoir d'y loger, prendre ny fourrager aucune chose, à peine de punition ; à condition toutes fois de fournir aux officiers et soldats de cette armée les choses nécessaires. Par ordre. Fait au camp de Bourdeilles, le cinq février mil six cent cinquante-deux.

« HENRY DE LORRAINE comte de HARCOURT.
« Par Monseigneur, MARTIN. »

Dans cette même guerre, François Grand devait recevoir des ordres importants du marquis de Folleville, lieutenant-général du duc de Candalle, qui avait remplacé d'Harcourt, pour organiser la défense de Latourblanche, tombé au pouvoir des princes (1).

La reprise de cette ville fut uniquement due à son habileté et à son énergie. On le vit déployer pour le service du roi un zèle d'autant plus louable que ce fut chose rare à cette époque de discordes civiles. Non seulement il y ex-

____

(1) Voir ces documents aux *pièces justificatives.*

posa sa vie, mais il y perdit la plus grande partie de sa fortune. Un document authentique porte témoignage de son patriotique dévoûment.

Des syndics paroissiaux l'avaient inscrit sur le rôle des cotisations avec ses oncles de Teilhac et du Chastanet et son cousin de Bellussière, pendant leur séjour à l'armée. Ils présentèrent une requête collective au Conseil d'Etat du roi, qui, à St-Germain-en-Laye, le 27 août 1668, rendit, en vue de la maintenue et de la confirmation de leur noblesse, un arrêt où il est ainsi fait mention des services rendus lors de la Fronde par le fils de Du Pouzet :

« Au temps des troubles de la Guyenne, il est d'une notoriété publique que led. sieur de Tentillac, au péril de sa vie apparemmant inesvitable, semploya au service de Sa Majesté plus utilement qu'aucun au⁰ gentilhomme de la province ; en hayne de quoy son chasteau de Tentillac fut pillé et luy entièrement ruisné. »

Si Du Pouzet se vit avec plaisir revivre en quelque sorte dans ce brave officier, ses dernières années devaient être assombries par de malheureux évènements. Il eut la douleur de perdre sa femme, Olive Ruffier, que ne tardèrent pas à suivre dans la tombe Pierre et Jean Grand, deux de leurs enfants. Il ne trouva plus dès lors d'autre consolation que dans cette religion pour laquelle il avait versé son sang et qui offrait à son âme des espérances immortelles. Elle lui aida sans doute aussi à supporter avec patience les précoces infirmités causées par les nombreuses blessures dont la partie supérieure de son corps portait les nobles cicatrices. Dès 1651 il parait ne plus quitter son château et comme condamné à un repos absolu. C'est ainsi que le 14 octobre de cette année, ne pouvant se rendre à l'église, il avait délégué son frère Du Chastanet pour être parrain de son petit-fils Pierre sʳ du Pouzet. Le 23 avril précédent, le baptême de deux cloches avait réuni à Brassac l'élite de la contrée ; il chargea son fils François d'être à sa place témoin de cette cérémonie, où figurèrent comme parrains Antoine d'Aydie, vicomte de Ribérac, et Jean de Montozon, sieur de La Barde, et comme marraines, Gabrielle Jaubert de

Saint-Gelais, épouse d'Isaac Du Lau, et Sibille Du Lau, dame et demoiselle de Montardy (1).

La mort seule devait délivrer le vieux soldat de ses longues souffrances. Il dut mourir peu de temps après l'ordre publié en sa faveur par le comte d'Harcourt. Les registres paroissiaux de Bourg-des-Maisons faisant défaut depuis le commencement de 1652 jusqu'en novembre 1655, il n'a pas été possible de déterminer la date exacte de son décès.

Le héros de La Force s'éteignit dans un âge peu avancé à Tenteilhac, près de son fils auquel il avait assuré la moitié de ses biens, y compris « la maison par antier, jardin et préclosture » de son repaire, ne s'en étant réservé lui-même qu'une moitié en jouissance. Il fut inhumé dans son église paroissiale, où depuis dix ans il avait choisi la place de sa dépouille mortelle. Il tenait à ce modeste monument aux coupoles byzantines, dont une bulle du pape Eugène III atteste l'antiquité. A diverses reprises Du Pouzet donna des preuves de l'intérêt qu'il lui portait : car, selon les termes d'un des actes analysés plus bas, il avait « faict plusieurs biens faicts à lad. esglise. »

Cet amour de son humble clocher, il le tenait de son père. Ses prédécesseurs s'étaient fait enterrer dans l'église de Cercles : le sieur de Teilhac voulut désormais établir sa sépulture dans son église de Bourg-des-Maisons, où de temps immémorial les seigneurs du repaire de Tenteilhac avaient des tombeaux, dont les titres s'étaient perdus pendant les guerres. A cet effet, il y avait acquis pour lui et les siens, suivant acte passé devant Mᵉ de La Pouze, notaire royal de la paroisse du Chapdeuil, le 17 juin 1626, d'Antoine de Clermont, seigneur de Saint-Projet, contours du Chapdeuil et de Verteillac, un droit de tombeau, banc et litre. Ce fut à la faveur de cette concession que Du Pouzet fit inhumer Françoise Bourgoing, sa mère, dans l'église réparée et recouverte à neuf par ses soins.

Jehan de Masfrand, vicaire perpétuel de la paroisse, ayant soulevé quelques difficultés au sujet de la fondation de ces

(1) Registres paroissiaux du Grand-Brassac.

tombeaux, Du Pouzet s'empressa d'accepter une transaction, qui fut rédigée à Latourblanche par M⁰ Barriasson, notaire apostolique, le 15 janvier 1642.

Afin d'être maintenu en la possession de ses anciens droits, il s'engagea pour lui et ses successeurs à payer annellement, le jour de la Toussaint, avec faculté de rachat, un obit de 20 sols tournois, au vicaire perpétuel, chargé de dire en retour deux messes basses de mort « pour le salut de son âme et des siens », et, de plus, à « tousjours tenir couverte et pavée lad. esglise tout aultant qu'il prend d'estendue. »

C'est à cette occasion qu'il fit aussi don d'une cloche « de bon et fin metailh » à son église, « en laquelle ny en a point a presant ». Cette cloche, que l'on a eu tort de remplacer depuis, sert maintenant à appeler à l'école les enfants d'une paroisse privée de pasteur depuis la Révolution ; mais si elle a perdu sa pieuse destination, elle n'en perpétue pas moins, dans l'inscription suivante, la mémoire du généreux donateur :

P. Gran esvyer, sr de Tente ✠

lias ✠ 1624 (1). E. B. ✠

Cette transaction accordait définitivement à Du Pouzet « toute la place qui est comprize incluzivement entre les quattre premiers pilliers et murailles de la dicte esglise dudict bourg de Maison, ou sont les autels de sainct Barthelemy et de saincte Margueritte et jusques a ceulx de sainct Jean l'Evangeliste et de sainct Phiacre, pour y faire ses sepultures et des siens a tousjours, et le pouvoir de faire faire et mettre un band... de l'estendue et largeur qu'il verra bon estre, et qu'il puisse faire listre et ceinture et apposer ses armes... par le dedans dicelle esglise durand l'estendue de a dicte place... au dessoubs... des seigrs justiciers, et tout ainsin qu'il est en pocession ».

Du Pouzet fit confirmer et homologuer tous les droits ainsi concédés par l'autorité du diocèse « en sa personne

---

(1) Il n'est pas douteux que cette date est erronée et que voulant reproduire l'année 1642, l'artiste a interverti sur le bronze l'ordre des deux derniers chiffres.

seulement, à l'exclusion de tous autres ». Néanmoins, aux
termes d'un traité passé devant M⁰ Dumonteil, notaire royal,
le 20 mai 1644 (1), il consentit à céder, avec l'autorisation de
Jehan de Masfrand, à son frère Du Chastanet, retiré alors
dans le repaire du Reclaud, situé sur la colline qui regarde
Bourg-des-Maisons, une partie de ses tombeaux « au-devant
l'autel de saincte Marguerite, depuis le pilier de la petite
porte jusques aux degrés dud. autel », sous réserve des « hon-
neurs et prééminences de lad. esglise ».

Ce fut évidemment dans ces tombeaux, à l'ombre de l'autel aujourd'hui détruit de Sᵗ Barthélémy, patron de sa paroisse, que Du Pouzet fut enseveli, et où doivent reposer
encore ses cendres. On dut, selon l'usage, en pareille circonstance, apposer autour de la nef la litre du glorieux capitaine et y appliquer ses armoiries, que je décris telles qu'el-
les se trouvent établies dans l'arrêt rendu le 2 septembre
1669 par le conseil privé du roi : *D'azur à trois serpents
volants d'or bordés de gueule, posés en pal.*

Les descendants de Du Pouzet ont soutenu avec honneur
un nom devenu historique ; et, parmi ses parents de la branche de Bellussière, qui seuls le représentent aujourd'hui,
quelques-uns ont laissé un juste renom dans la carrière des armes. Je citerai ce François Grand qui, sous les
ordres de Turenne, fit la campagne de 1667 en qualité de vo-
lontaire, et l'un des petits-fils de celui-ci, Antoine, brigadier
des gardes de la porte, dont les mémoires du maréchal de
Saxe immortalisent le nom.

Dans cette famille, la modestie a de tout temps égalé la valeur, et plus les services rendus par elle ont été éclatants,
moins elle a cherché à se produire dans le monde. Pour avoir
été les seuls gentilshommes du Périgord qui, à force ouverte,
avec des compagnies de soldats levées à leurs dépens, aient
soutenu la cause royale pendant les guerres civiles, les premiers seigneurs de Tenteilhac ne demandèrent d'autre récompense que la maintenue et la confirmation de leur no-

<hr>

(1) Acte communiqué par mon confrère M. Gendraud, notaire à Verteillac, membre de la Société historique et archéologique du Périgord.

blesse. De même, le brigadier de Fontenoy se contenta de
la croix de chevalier de Saint-Louis pour prix de ses longs
et loyaux services. Tous ont tenu à gloire de prouver que
l'abnégation et la bravoure étaient héréditaires dans leur
maison. Remplis d'une noble fierté, ils ne se firent que les
esclaves du devoir et préférèrent la solitude de leur campagne aux faveurs obtenues au moyen de la flatterie. Ils sont
demeurés fidèles à la spirituelle devise qui accompagne les
symboliques serpents ailés de leur blason : *Serpent nun-
quam*, ils ne ramperont jamais.

Tels sont les traits que je suis parvenu à recueillir çà et là
sur la vie du capitaine Grand Du Pouzet. Elle était digne as-
surément d'être tirée de l'obscurité où elle était cachée, tant
il est vrai que l'illustration des hommes ne se mesure pas
toujours à l'éclat de leurs actions. Je suis heureux d'avoir
contribué à cette œuvre de restitution et de réparation. C'est
une page qui manquait aux annales de ma province. Le
nom de Du Pouzet devra désormais y être inscrit à côté de
ceux du soldat Alary et du général baron Daumesnil, deux
héros sortis comme lui du sol fécond du Périgord.

Signaler de tels hommes à l'admiration de la postérité,
n'est-ce pas offrir l'enseignement le plus viril qui puisse
préparer les âmes aux redoutables éventualités de l'avenir ?
C'est ainsi qu'en s'appliquant à exhumer de la poussière des
archives provinciales des gloires incontestables, les travaux
de nos érudits ne se borneront pas à être utiles à la contrée
qu'ils étudient, mais ajouteront un relief de plus à l'histoire
générale de la patrie. Grâce à eux, nos enfants apprendront
à voir ailleurs que chez les Grecs et chez les Romains des
exemples de dévoûment et de courage, ces deux vertus
par lesquelles vivent les nations.

PIÈCES JUSTIFICATIVES

Une partie des documents que j'ai consultés pour cette esquisse biographique est aux mains de M. Guillaume-Alexandre Grant de Luxolière de Bellussière, actuellement propriétaire de la terre de Bellussière, chef des nom et armes de la famille et héritier par droit de primogéniture du titre de baron de Luxolière par suite de l'extinction des branches aînées de Luxolière et de Tenteilhac.

Je dois à son obligeance la communication des ordre et commission qui furent donnés en 1653 au fils de Du Pouzet par le maréchal de camp de Folleville. Ces deux pièces, dont le texte a été collationné sur les originaux, seront utiles à l'historien futur de la Fronde en Périgord.

I

« Guillaume Le Sens, chevaillier seigneur de Folleville, mareschal des camps et armées du Roy, commandant p^r le service de Sa Majesté dans le Perigord et autres provinces despendantes du gouvernement de Guyenne et toutes les troupes qui sont en deça la Dordogne, sous l'autorité de son Em. le duc de Candalle, ordonne au s^r de Thentillat de se jeter tout présentement le plus tot que faire se pourra dans sa maison de Thentillat, parroisse de Bourg-de-Maisons, et y mettre le plus de ses amis qu'il pourra pour la défense d'icelle ; faire la guerre à ceux de Latour-blanche et faire toutes les choses qu'il jugera nécessaire p^r le service de Sa Majesté. En tesmoin de quoy nous avons signé la présente, y fait aposer le sceau de nos armes et contresigner par nostre secre. A Nontron. ce 28 avril 1653.

FOLLEVILLE LE SENS.

« Il arestera tout ce qui y voudra entrer. F.

« Par Monseigneur : TOUSTAIN. »

II

« Guillaume Le Sens, chevaillier, seigneur de Folleville, mareschal des camps et armées du **Roy**, commandant p^r le service de Sa Majesté dans le Périgord et autres provinces despendantes du gouvernement de Guyenne et toutes les troupes qui sont en deça la Dordogne, sous l'autorité de son Em. le duc de Candalle.

« Estant nécessaire pour le service du Roy d'establir dans le chasteau et ville de Latourblanche une personne de condition, d'expérience et de fidellité esprouvée au service du Roy p^r y commander, ayant forcé les ennemis de nous la remettre cejourd'huy. **A** ces causes, nous avons commis, ordonné et député, commettons, ordonnons et députons par ces p^{ntes} signées de nostre main le s^r de Tantilhac pour commander dans lad. place de Latourblanche tant aux troupes qui y sont, qui y pourront estre en garnison, avec pouvoir p^{ntement} mestre sur pied une comp^{ie} d'infanterie de trente mousquetaires et la faire entrer dans ledit chasteau p^r y tenir garnison jusqu'à ce qu'il en aie esté autrement ordonné. Par le Roy ou son Altesse M^r le duc de Candalle. En tesmoin de quoy n. avons signé le p^{nt}, fait contresigner par nostre secrettaire. A Latourblanche ce 14 mai 1653.

FOLLEVILLE LE SENS.

« Par Mgr : TOUSTAIN. »

A ces deux documents historiques il convient d'ajouter cet autre passage de l'arrêt du Conseil d'Etat du 27 août 1668, où se trouve rappelée à deux reprises la part brillante que François Grand avait prise aux événements dont Latourblanche avait été le théâtre durant la Fronde :

« Ledit sieur de Tentillac a plus utilement rendu de services à Sa Ma^{té} pendant les troubles de la Guyenne qu'aucun autre gentilhomme de la province, pendant lesquels il y maintint et entretint à ses despens une compagnie de chevaux legers, y moyenna par ses soings, ses intelligences et ses services actuels au sieur de Folleville, mareschal de camp, la prise de la ville et chasteau de La Tourblanche ou il commanda ensuitte par les services de Sa Majesté, y entretint une forte garnison à ses despens et la conserva par ce moyen soubz l'obeissance de Sa Ma^{té}, pendant que les ennemis de Sa Ma^{té} en haine de ses fidéles services pilloyent et des-

membroyent son chasteau de Tentillac et autres terres a luy appartenan-
tes, ce qui l'a entièrement ruisné ; desquelles actions ledit sieur de Tentillac n'a point importuné Sa Majesté pour en avoir récompense, non plus
que pour obtenir le juste desdommagement de ses pertes, et pour toutes
recompences de ses services [s'est contenté] de la gloire de les avoir rendus au plus grand roy du monde. »

François Grand ayant, comme on l'a vu, perdu à la fleur
de l'âge son fils aîné, ne devait éprouver de consolation que
de la part de son autre fils, François sʳ de Lacaux, qui, après
avoir successivement servi dans les régiments du Dauphin
et de Piémont, fut nommé par le roi aide-major dans le régiment de Forêt, en considération de sa « valeur, courage,
expérience en la guerre, vigilance et bonne conduite » (1691).

Sa fille Bertrande, dᵉˡˡᵉ Du Pouzet, fut recueillie et élevée
au château de la Forêt en Touraine, par Étienne, son oncle,
qui, n'ayant pas d'enfant, l'institua son héritière et la maria à
Louis de Monsabré, capitaine au régiment de Grignan.

L'ancien défenseur de Latourblanche mourut pauvre en
son repaire de Tenteilhac. L'inventaire (1), dressé deux
jours après son décès, le 26 décembre 1700, à la requête de
Marie de Moncey, que devenu veuf il avait épousée à
Brassac le 24 janvier 1695, révèle la détresse de son in-
térieur. Son petit-fils, Alexandre, lieutenant d'infanterie
au régiment de Navarre, a relevé la maison.

(1) Minutes de Mᵉ Montozon, notaire royal à La Pouze, paroisse du Chapdeuil,
déposées en mon étude du Grand-Brassac.